Ferdinand BUISSON

Président de la Ligue des Droits de l'Homme

LES PRINCIPES

DE LA

SOCIÉTÉ DES NATIONS

Prix : 0 fr. 30

PARIS

LIGUE DES DROITS DE L'HOMME & DU CITOYEN

1, Rue Jacob, 1

1917

APPEL

La Ligue des Droits de l'Homme s'est constituée le 4 juin 1898. Dès son premier manifeste, elle affirmait : 1° qu'elle s'appliquerait par la propagande à faire vivre dans les mœurs et à réaliser dans les lois les principes républicains de la Révolution ; 2° qu'à partir de ce jour toute personne dont la liberté serait menacée ou le droit violé était assurée de trouver auprès d'elle conseil et assistance. C'est vers ce double but que, sans déviation, elle a tendu tous ses efforts.

Nul n'ignore nos campagnes retentissantes à propos de l'affaire Dreyfus, de l'affaire des officiers de Laon, des affaires Durand, Rousset, Péan. Ce qu'on sait moins, c'est la suite innombrable des interventions que nous faisons tous les jours, silencieusement, en faveur des plus humbles victimes. Nous recevons d'année en année des plaintes en nombre croissant : 14.068 en neuf mois, du 1ᵉʳ janvier au 30 septembre 1917.

Dans l'effroyable crise que traverse notre pays, nous avons défendu l'école laïque, le Parlement, toutes les institutions républicaines et, contre la censure, contre les mesures d'état de siège, contre les entreprises des confessions et des partis, toutes les formes de la liberté : nous avons veillé, dans l'ordre militaire, à ce que les appels, la distribution des emplois, les envois au front et en permission fussent soumis à des règlements d'équité et que les soldats et officiers fussent jugés par une justice scrupuleuse qui prît contre l'erreur toutes les précautions.

La Ligue compte aujourd'hui 63.000 adhérents : ce n'est pas assez. Pour qu'une idée triomphe, il faut qu'elle soit soutenue par une armée immense de militants fidèles.

Citoyens, si vous voulez assurer, avec le respect de vos droits, le progrès continu et l'achèvement de la République, venez à nous. Des sections locales sont constituées dans la plupart des villes : nous vous demandons d'y adhérer ; où il n'en existe pas, nous vous prions de vous grouper et d'en fonder.

Donnez-nous, par le nombre, la force d'imposer la justice.

LE COMITÉ CENTRAL :

MM. F. BUISSON, président ; V. BASCH, C. BOUGLÉ, E. GLAY, A.-F. HÉROLD, le Dʳ SICARD DE PLAUZOLES, vice-présidents ; H. GUERNUT, secrétaire général ; A. WESTPHAL, trésorier général ; J. APPLETON, G. BARTHÉLEMY, BIENVENU-MARTIN, J. BOUNIOL, G. BOURDON, L. BRUNSCHVICG, F. CHALLAYE, A. DELMONT, Dʳ DOIZY, A. FRANCE, H. GAMARD, J. HADAMARD, Dʳ J. HÉRICOURT, E. KAHN, L. MARTINET, R. MÉHEUST, M. MORHARDT, L. OUSTRY, P. PAINLEVÉ, J. RAYNAL, A. ROUQUÈS, H. SCHMIDT, G. SÉAILLES, H. SÉE, SEIGNOBOS, M. SEMBAT, A. THOMAS, Mᵐᵉ M. VÉRONE, D. VINCENT, L. VICTOR-MEUNIER.

LA
Société des Nations

LES PRINCIPES

Rapport présenté au Congrès de la Ligue des Droits de l'Homme

(1917)

Par M. Ferdinand BUISSON
Président de la Ligue

Conformément à l'avis des sections, le Comité Central a mis en tête de l'ordre du jour du présent Congrès « *l'organisation de la Société des Nations* ».

Pourquoi cette question a-t-elle été placée au premier rang de vos délibérations ?

Il ne semble pas nécessaire de l'expliquer à cette assemblée. Ici vous n'êtes pas dans une réunion publique née du hasard des circonstances. Vous êtes les délégués de la Ligue des Droits de l'Homme, c'est à dire les militants d'une association qui a son histoire, son esprit, son but propre et la pleine conscience de son œuvre que methodiquement elle poursuit depuis un temps déjà long. Le Congrès d'aujourd'hui est la suite logique de ceux qui l'ont précédé. C'est une même pensée politique, c'est un même plan de réformes démocratiques qui, d'année en année, se déroule et, point par point, tend à se réaliser.

Nous reprenons donc notre programme juste au point où l'avait conduit le Congrès de 1916

Ce Congrès, dès la première ligne de sa déclaration sur « les Conditions d'une Paix durable », avait posé le principe suivant :

« Une paix durable n'est possible que par l'établissement d'une Société des Nations. »

C'est ce principe qu'il nous faut aujourd'hui développer, en nous efforçant d'en préciser tous les termes et d'en faire l'application aux divers problèmes de la présente crise internationale.

La possibilité d'une Société des Nations, c'est, en effet, par la liaison des idées comme par celle des événements, le premier objet qui s'impose aujourd'hui à l'attention publique.

Qu'on accepte ou qu'on repousse cette solution, il n'est pas possible à l'heure où nous sommes de se refuser à l'étudier, ni même d'en ajourner l'examen. Car nous voici arrivés au point où les chemins se divisent, où il va falloir opter entre les deux directions. c'est-à-dire entre deux politiques qui se sépareront à tout jamais.

I

Véritable objet de la Société des Nations. - Ce n'est pas une conception « à priori », c'est la continuation du mouvement de la civilisation depuis des siècles.

D'abord, écartons les idées fausses qui ont cours sur la Société des Nations.

Il ne s'agit pas d'une conception spéculative, sortie du cerveau des philanthropes ou des pacifistes.

Il ne s'agit pas de supposer une humanité nouvelle ni de refaire le monde de toutes pièces.

Il ne s'agit pas davantage de supprimer les nations existantes, soit pour les fondre en une seule, soit pour les réduire à un type uniforme.

Après comme avant ce 89 des peuples, il y aura des nations petites, grandes, moyennes, différentes de structure, d'origine, de caractère, et chacune tenant aux particularités qui la distinguent. Il y aura

II

Deux conditions pour qu'il y ait une Société des Nations. 1° Un principe : le droit des peuples à disposer d'eux-mêmes. — 2° La mise en œuvre de ce principe par des institutions mondiales, correspondant aux trois pouvoirs : législatif (conventions internationales, obligation de l'arbitrage) ; judiciaire (tribunaux souverains pour tous les conflits) ; exécutif (la force de tous imposant des sanctions irrésistibles, économiques, militaires, politiques).

Pour que la guerre disparaisse, deux conditions sont nécessaires : l'une de droit, l'autre de fait ; l'une déterminant l'idée, l'autre permettant de la réaliser.

L'idée, c'est que, les hommes se glorifiant de n'être pas des brutes, il n'y a pas de raison absolue pour que les groupes d'hommes conservent, comme loi de leurs relations, la brutalité que chaque homme et chaque groupe a bannie de son existence propre. S'il a été jusqu'ici impossible d'appliquer aux rapports des nations dans le monde les mêmes règles de conduite qu'aux rapports des individus dans al nation, ce n'est pas la logique des choses qui s'y est opposée ; c'est que, plus s'étend le cercle, plus la masse des préjugés à vaincre est considérable. On n'a pas encore réussi à reproduire sur une très grande échelle ce qu'on a pu faire sur une plus petite : qui donc s'est flatté d'arrêter le choc de plusieurs millions d'hommes sur toute l'étendue d'un continent avec les moyens d'action qui suffisaient pour forcer des bourgades voisines à cesser leurs razzias réciproques ?

Mais, si amplifié que soit le cadre, le droit qu'il s'agit d'y faire régner est celui-là même qui règne déjà sur le monde. — Quel droit ? — Celui de la personne humaine.

« Les hommes naissent et demeurent libres et

égaux en droits », avaient dit nos pères dans l'im-, mortelle Déclaration qui ouvre l'ère des temps nouveaux. A nous de voir si l'heure n'est pas venue d'écrire : « Les peuples naissent et demeurent libres et égaux en droits. »

Ce qui est vrai de la personne individuelle, ne l'est-il pas de cette personne morale collective qu'est une nation ? Et ne peut on pas réclamer raisonnablement, pour chaque agglomération d'hommes, ce qu'on accorde sans conteste à chaque homme : le droit de disposer de soi-même, c'est-a-dire la liberté, sans autre limite que la liberté des autres?

Voilà l'idée. voilà le fond de la doctrine.

Mais si ce n'était qu'une doctrine, il n'y aurait rien de fait.

Aussi longtemps que la liberté et l'égalité des individus n'eut que la valeur d'une opinion. d'une croyance, d'un espoir ou d'un vœu pieux, il n'y eut rien de changé dans le monde feodal. Tout changea le jour où les hommes. traduisant enfin l'idée en acte. établirent : une constitution pour fonder le nouveau régime. des lois pour appliquer la constitution, des sanctions pour appliquer la loi, des juges et des gendarmes pour appliquer les sanctions.

Il en est de même pour la Société des Nations.

A l'état de conception théorique. elle n'a qu'une vertu intellectuelle. Elle n'aura d'effet sur le monde que si elle prend corps.

Et, pour qu'elle y devienne une institution souveraine, il faut qu'elle possède la réalité des trois pouvoirs aussi indispensables à la souveraineté internationale qu'ils le sont à la souveraineté nationale :

Pouvoir *législatif*, chargé de promulguer les conventions générales d'ordre international qui lieront les peuples entre eux comme la loi lie les citoyens;

Pouvoir *judiciaire*, chargé de faire à tous les cas particuliers et à tous les litiges l'application des lois internationales ;

Pouvoir *exécutif*, chargé de réprimer toute résistance aux actes de l'autorité publique.

Une Société munie de ces trois pouvoirs a une constitution, une existence, un droit à l'action. Elle a qualité pour faire régner la justice, car elle le veut tout ensemble et elle le peut.

Défendons-nous donc de répéter complaisamment la trop facile et superficielle antithèse entre le droit et la force. Cessons de nous représenter le futur régime comme fondé sur le droit, tandis que le régime actuel le serait sur la force.

Le droit ne règne dans une société humaine quelconque que s'il a la force à son service.

Pas plus au degré international que dans chaque nation, la civilisation ne consiste à séparer le droit de la force. La force sans le droit, c'est le rôle du criminel ; le droit sans la force, c'est celui de la victime. Une Société humaine ne doit être ni l'un ni l'autre : sa raison d'être, la condition qui lui vaut le nom de « Société », c'est d'être un organisme qui a précisément réussi à transformer une masse humaine, esclave pourtant des passions et des intérêts, en une association d'assurance mutuelle contre les passions et les intérêts, assez puissamment outillée pour que nulle révolte, nulle coalition de résistance ne puisse prévaloir contre la volonté commune.

C'est pourquoi parler de la Société des Nations comme d'une incarnation platonique du droit, en la supposant impuissante à faire effectivement et matériellement respecter les principes qu'elle représente, c'est montrer que l'on n'a même pas compris les données du problème. Elle ne serait rien, pas même une frêle barrière, si elle n'était au moins aussi armée contre les délinquants au moins aussi sûre d'avoir raison d'eux, aussi supérieure en force à toutes les rébellions possibles que l'est chaque nation en face des malfaiteurs de droit commun.

III

La Société des Nations reconnue, même par les ennemis, comme la condition de la vraie paix. — Mais différence fondamentale : les Empires centraux se réfugient dans le vague, parce qu'ils ne peuvent s'engager à répudier conquêtes, annexions. tributs de guerre, spoliations économiques : les Alliés s'y engagent et ne réclament que l'application du droit.

Tels sont les principes généraux sur lesquels devra reposer l'organisation d'une Société des Nations comme l'entendent les Alliés.

D'autres rapporteurs, partant de ces principes, examineront dans chacun de ces trois ordres (legislatif, judiciaire, exécutif). peut-être même dans un quatrième (administratif), les caractères essentiels des grands rouages de cette Société, leur mode d'établissement et leur mode de fonctionnement.

Pour moi, qui n'avais d'autre mandat que de tracer les prolégomènes de ce vaste travail. je tiendrais ma tâche pour terminée si je n'avais à répondre à une question en quelque sorte préliminaire, mais singulièrement pressante

La complète organisation de la future Société des Nations sera sans doute une œuvre de longue haleine. Mais où, quand et comment pourra t-elle commencer ?

On ne peut nous demander de nous transporter dans un avenir lointain et de décrire, pièce par pièce. la structure de l'immense machine qui fera mouvoir un monde nouveau. Mais on a le droit de nous demander par quelles issues nous espérons sortir du monde actuel et passer d'un régime à l'autre, du droit de la force à la force du droit.

Car. il ne faut pas se le dissimuler, il y a deux manières de se représenter l'avènement de la Société des Nations.

Les uns y voient une admirable institution qui

à disposer d'eux-mêmes », déclare aujourd'hui qu'il faut « que les relations des peuples soient réglées non par la force des armes, mais par les principes du droit » Il souhaite même, ce que l'Allemagne a toujours fait échouer : « l'arbitrage obligatoire ».

Ce n'est donc pas s'engager à la poursuite d'une chimère que de recueillir tant de déclarations concordantes venant des points les plus opposés. Sincères ou non, elles sont probantes, elles sont significatives. Elles attestent que la question est mûre, qu'il n'est plus possible, même aux monarques absolus, d'étouffer le cri des peuples : il faut organiser la paix !

Ecartons donc résolument ceux qui nous proposent, au lieu de passer à l'action, de saluer une fois de plus une grande et belle idée pour avoir le droit de la réserver à des temps meilleurs. Non, ce n'est pas demain, c'est aujourd'hui qu'il faut l'insérer dans la grande charte du genre humain.

Cette guerre ne peut être vraiment close que par l'acte de naissance de la Société des Nations

Et c'est précisément ce qui fait la profonde différence entre les Gouvernements de l'Entente et les Empires germaniques.

L'incontestable avantage des Alliés, c'est d'avoir parlé net. Ils ont pu, eux, dire tout haut, exactement et sans réticence, leurs conditions de paix. Ils n'avaient pas besoin de cette phraséologie pompeuse où s'abrite, sous une pensée flottante, une arrière-pensée qui ne l'est pas. Ils veu'ent non la paix de vengeance, mais la paix de réparation; non la paix du militarisme, mais la paix de la démocratie; non pas la paix de conquête que limite seul le pouvoir discrétionnaire du vainqueur, mais la paix de restitutions, d'indemnités et de garanties que la justice exige de tous.

Prenons, pour nous arrêter à une formule officielle, la dernière déclaration de notre Gouvernement. Elle se résume dans les trois questions familières par lesquelles M. Ribot terminait son discours du 19 septembre. Il disait (s'adressant à l Allemagne) :

« Accepte-t-on de nous rendre l'Alsace-Lorraine ?

« Accepte-t-on de réparer, dans la mesure du possible, les dommages qui nous ont été causés ?

« Accepte-t-on cette Société des Nations », c'est-à-dire *celle qui,* derrière la signature des gouvernants, *aurait pour garantie « la volonté ferme, evidente, du peuple allemand lui-même ? »*

Quelle clarté, quelle précision dans ces trois ordres de revendications ! Et quel accord entre la pensée des Alliés et celle de la France !

Comme nous, nos Alliés d'Europe et d'Amérique répudient l'esprit de conquête. Mais comme nous, autant ils protestent contre le dogme germanique qui permet, qui ordonne d exproprier le voisin et de le réduire en servitude, autant ils veulent :

1° Faire restituer aux peuples dépouillés par la force leur indépendance, qu'il s'agisse de l'Alsace-Lorraine, de nos départements envahis, de la Belgique, de la Serbie, de la Roumanie, de la Pologne, de Trente et de Trieste, des Tchéques, des Danois, des Balkaniques, des Arméniens, de tous ceux qui réclameront au nom de ce droit imprescriptible ;

2° Faire réparer, dans la mesure du possible, les dommages causés non par la guerre, mais par des actes de sauvagerie commis en violation du droit des gens ;

3° Faire établir, contre le retour de pareils forfaits, des garanties non verbales, non virtuelles, non remises à la bonne foi du contractant, mais imposées et maintenues par une Société des Nations plus forte que toutes les nations et en parfaite possession des moyens moraux et matériels, économiques et militaires, de faire effectivement respecter le droit de chacun par la force de tous.

IV

La Société des Nations n'est possible que par la victoire des Alliés : elle transforme leur union actuelle en une institution générale et permanente.

Est-il donc possible de constituer cette Société des Nations, non pas après que toutes les questions litigieuses auront été tranchées, mais justement pour les trancher ?

Il ne faudrait pas y songer, si les Empires centraux avaient obtenu la victoire qu'ils escomptaient il y a trois ans ; il n'y faudrait pas songer davantage si, après un effort surhumain, nous devions finir par mendier la paix. La paix allemande signifierait pour longtemps le règne de la force dans son expression la plus complète : militarisme et absolutisme.

C'est pourquoi la première de toutes les conditions pour l'établissement d'une Société des Nations, c'est la défaite des Empires centraux. Il faut que le monde entier soit témoin que leur tentative d'hégémonie universelle a échoué, irrémédiablement échoué.

Si la Belgique n'avait pas héroïquement consenti au martyre plutôt que de laisser passer le torrent de l'invasion, si la France n'avait pas, au prix de sacrifices sans mesure, tenu tête au plus formidable des assauts assez longtemps pour permettre à ses alliés de venir prendre leur place à ses côtés, la question qui nous occupe ne se poserait pas.

Elle se pose, parce que le coup du brigandage germanique est un coup manqué. L'agresseur obligé d'avouer qu'il ne peut pas consommer son forfait est un vaincu, et un vaincu que nulle pitié n'accompagne.

Il est donc naturel que, dès à présent, nous tâchions de nous faire une idée nette de ce que sera la victoire des Alliés. Car il ne faut pas hésiter à appeler de ce nom l'issue d'une guerre d'où sortira,

quoi qu'il arrive, tout au moins, cette double dé-
monstration : — d'abord, que la plus gigantesque
puissance militaire qui ait jamais existé, servie par
une faculté de discipline, d'organisation et d'es-
pionnage jusqu'ici sans égale, a été impuissante
à réaliser une entreprise de domination où elle,
accumulait depuis vingt ans toutes les chances
et, semblait-il. les certitudes de triomphe ; — ensuite, qu'elle a réussi à soulever, à unir contre elle
dans une alliance qui semblait invraisemblable
et qui va se resserrant chaque jour, des millions
d'hommes que tout séparait et qu'a rapprochés pour
une suprême croisade un sentiment de réprobation
plus puissant encore que la conjonction des intérêts
à défendre.

Une seule crainte pouvait subsister, et c'était le
grand espoir de l'Allemagne : comment maintenir
cette union entre tant d'intérêts, entre tant de nations. entre tant de forces dissemblables ? Sûrement
à la fin de la guerre, au plus tard, les discordes vont
réapparaître, les égoïsmes s'aiguiser à nouveau, les
ambitions se combattre.

Et c'est là precisément qu'est le coup de génie dont
nous pouvons à notre gré faire honneur au président Wilson, ou bien à la tradition républicaine
française, dont le nom seul de Léon Bourgeois suffit
à rappeler les titres à la reconnaissance du monde.

Dès avant l'entrée en campagne de nos alliés amé-
ricains, d'un commun accord entre eux et nous, a
été lancée cette grande nouvelle : nous ne voulons ni
conquêtes, ni représailles, ni tributs de guerre, ni
écrasement économique sans résurrection possible.
Vainqueurs, nous renonçons d'avance à nous faire
justice à nous-mêmes, à recueillir, chacun pour
notre part, le fruit de la victoire et à partager les dé-
pouilles de l'ennemi.

Fidèles à la parole mutuellement donnée, les
Alliés s'accordent à provoquer une entente générale
et perpétuelle des nations sans exception, mais sur
la base du droit et de la démocratie.

Au lieu d'imposer leurs conditions par la force, ils font consister leur victoire à abolir le régime de la force.

Ayant réussi à conjurer le détestable triomphe mondial du militarisme, ils entendent organiser tout de suite le triomphe mondial de la paix selon le droit.

V

Qui pourra faire partie de la Société des Nations ? — Seulement des Nations, c'est-à-dire des collectivités aptes à s'engager par et pour elles-mêmes.

— Et elles devront s'engager non pas à souscrire au droit théorique, mais à l'appliquer effectivement, en acceptant s'il y a lieu, de s'imposer à elles-mêmes ou d'imposer aux autres les restitutions, réparations et garanties qu'exige la justice, telle que l'aura proclamée l'organe suprême de la Société.

A cette Déclaration du droit des peuples, qui va pouvoir apporter sa signature ? Qui les Alliés convoquent-ils à venir rédiger avec eux la charte du monde libéré ?

Ils s'adressent à toutes les nations.

Et qu'exigent-ils d'elles pour avoir droit de cité dans ces Etats-Unis du monde ?

Deux conditions, qui résultent de la nature même des choses.

Ils demandent à la nation qui veut contracter avec eux d'être une nation ; ils veulent qu'elle soit capable de contracter, qu'elle déclare non pas obéir aux ordres d'un maître, mais s'appartenir assez pour pouvoir valablement s'engager par elle même et pour elle-même, en lui laissant, bien entendu, toute latitude pour la forme de son régime représentatif et de ses institutions démocratiques. « Nous, Français, disait déjà Lazare Carnot, ne connaissons de souverains que les peuples eux-mêmes. »

Voilà la première condition.

Et voici la seconde :

Qu'elle accepte le principe sur lequel est fondée cette Confédération générale des Nations, savoir la reconnaissance du droit imprescriptible des peuples à l'indépendance; qu'elle accepte en conséquence, l'obligation, d'abord, de rendre leur indépendance aux peuples soumis par la force, et l'obligation, ensuite, de réparer les dommages causés par des attentats contre le droit des gens.

Ce principe, ces obligations, tous les contractants quels qu'ils soient y souscrivent. Et, voulant entrer tout de suite et de plain pied dans le nouveau régime, ils s'en remettent aux institutions créées par la Société des Nations pour, après examen des réclamations, fixer souverainement les mesures, les formes et les modalités suivant lesquelles s'appliquera le droit reconnu en principe, qu'il s'agisse de restitutions, de désannexions, de restaurations, de réparations, d'indemnités, de compensations ou de toute autre sanction que la collectivité imposera au nom du droit supérieur de l'humanité.

C'est sur ces bases que les Alliés se sont déclarés prêts à traiter.

Dire bien haut que ce sont là leurs conditions, c'est en appeler avec une force infinie à la conscience du genre humain. Quelle est la nation qui ne sera pas tentée d'adhérer immédiatement à un programme qui se confond avec l'idée même du droit ?

Que feront les Allemands ?

Ce n'est pas à nous de répondre. Nous serons prêts à toutes les éventualités, mais dans aucune nous ne risquons d'être dupes.

Supposez qu'ils s'indignent à la seule pensée de souscrire à de telles propositions? Soit. Qu'y aura-t-il de changé? Ils sont en guerre, ils resteront en guerre.

Il y aura pourtant deux différences.

D'abord, ils seront obligés de renier publiquement les principes mêmes auxquels ils prétendaient acquiescer ; ils devront se poser ouvertement en champions de l'absolutisme militaire contre la démocratie, ce qui sera loin d'être approuvé, en Allemagne même, par tous les partis.

Ensuite, qui auront-ils devant eux au lendemain de ce défi lancé au monde civilisé ? Ce ne sera plus seulement le bloc des Alliés, ce seront bientôt toutes les nations. car du jour où existera cette Société des démocraties fédérées, il n'y a plus de neutres. C'est, à bref délai, tout le genre humain qui aura rompu avec la féodalité germanique. Et, si énormes que soient les ressources du Mittel-Europa, la rupture de toute communication, de tout échange. de tout commerce. de tout rapport social avec le reste de la terre, la permanence d'un état de guerre intensif et général contre les forces militaires. navales, économiques de presque toute l'humanité n'est pas un régime qu'aucun peuple, même le peuple allemand, puisse longtemps supporter.

Mais faisons la supposition contraire. car beaucoup penseront qu'elle est à la fois plus vraisemblable et plus dangereuse.

L'Allemagne, l'Autriche, la Bulgarie, la Turquie vont feindre de tout accepter. N'ont-elles pas déjà, avec le plus beau cynisme. répété toutes les formules pacifiques et rivalisé d'idéalisme évangélique avec le Saint-Père ? Les voilà donc prêtes à entrer dans la Société des Nations, et même, comme l'a dit le chancelier. à en prendre la tête. Est-il difficile de prévoir la suite, la suite d'intrigues qui va s'ourdir avec un art consommé, les moyens de division et de corruption que mettra en jeu la perfidie allemande. la dislocation immédiate ou prochaine de ce bloc où il leur sera si facile de dissocier les intérêts et d'aiguiser les ambitions rivales ? Et c'est nous, Alliés, c'est nous, Français, en particulier, qui aurons accepté une fois de plus d'être joués et trahis par un peuple à qui l'orgueil tient lieu de conscience !

Ces appréhensions ne seraient que trop justifiées

s'il était question d'une tractation diplomatique dans la forme usitée jusqu'ici. Mais tout autre est le plan des promoteurs de la Société des Nations. C'est une société ouverte sans doute, mais ouverte seulement à qui donne des garanties jugées suffisantes. Ce n'est pas une conférence de gouvernements ou de plénipotentiaires choisis par les Gouvernements, c'est une assemblée de nations directement représentées et traitant souverainement.

Nous avons vu tout à l'heure les deux conditions exigées : 1° prouver qu'on est une nation en possession de sa souveraineté nationale ; 2° faire usage de cette souveraineté pour s'engager à respecter l'inviolabilité du droit des peuples, et, si l'on y a porté atteinte, à restituer et à réparer, comme le décidera l'autorité supra-nationale chargée par la Société de prononcer en dernier ressort.

On nous dit que l'Allemagne n'acceptera pas ces deux conditions. Et le Reichstag vient d'entendre un « Jamais ! » aussi retentissant que le fut jadis chez nous celui de M. Rouher. Si, en effet, les Allemands n'acceptent pas ces deux conditions, ils n'entrent pas dans la Société, et nous retombons dans l'hypothèse précédente.

S'ils les acceptent, ce qui suppose une transformation profonde des esprits et des choses en Allemagne, tout se passera comme pour les traités de paix ordinaires, avec cette différence que celui ci n'aura pas pour base la volonté arbitraire du vainqueur, mais le droit, dûment fixé, dont le vaincu lui-même aura reconnu la justice.

— Il ne s'y résignera, dit-on, qu'en apparence et pour un moment ? — Soit. Mais alors les sanctions sont là, qui automatiquement se déclancheront, ce qui nous ramènera encore à la première hypothèse.

N'omettons pas, d'ailleurs, un aspect de la question. S'il faut prévoir à la charge des Allemands des mesures sévères, soit temporaires, soit permanentes, ce n'est pas à dire qu'ils soient les seuls à les encourir.

D'autres ont pu, dans cet ample conflit qui se déroule dans le monde entier, avoir des torts, commettre des fautes, poursuivre des buts prohibés par la nouvelle organisation du monde. La loi est désormais la même pour tous, et il sera licite à tous d'exposer leurs griefs devant le même tribunal et de réclamer l'application réciproque des mêmes principes.

Mais on nous fait une autre objection. C'est pour la France elle-même qu'on repousse l'idée de se plier à une procédure juridique ou arbitrale. On objecte qu'elle a un droit absolu, inconditionnel à la restitution de l'Alsace-Lorraine, qu'elle ne peut le laisser remettre en question sous aucun prétexte.

C'est vrai. Aussi ne lui demande-t-on rien de semblable. Au contraire, aucune affirmation de son droit ne saurait être plus énergique que l'attitude que nous lui proposons.

Quelle est en effet, pour la France, la situation actuelle ?

Le traité de Francfort n'existe plus. Ce n'est pas elle qui l'a déchiré. Elle l'a respecté pendant plus de quarante ans, aimant mieux ajourner la réparation que de l'acheter au prix de plusieurs millions de vies humaines. L'Allemagne, dans son appétit de nouvelles proies, a passé outre. Nous sommes donc par elle-même ramenés à l'état où nous étions la veille de la signature du traité. A cette date, au printemps de 1871, l'Alsace était envahie, conquise, occupée par les Allemands, exactement comme l'est depuis 1914 le département des Ardennes par exemple.

Nous serions donc aussi inexcusables de solliciter un plébiscite pour l'Alsace que de le demander pour les Ardennes. Ce serait l'acte du plaideur qui déclarerait lui-même qu'il n'est pas bien sûr de la validité de ses titres.

C'est pourquoi nous ne pourrions nous rallier à la proposition équivoque de commencer par consulter les populations annexées, en supposant même que cette consultation ne rencontrerait pas d'insurmontables difficultés pratiques.

Mais c'est de tout autre chose qu'il s'agit. Il s'agit d'abord et avant tout de reprendre par les armes ce qui nous a été pris par les armes. Nous y réussissons? Alors, pour l'Alsace comme pour les Ardennes, nous demandons au tribunal suprême de valider notre prise de possession et de lui assurer la garantie internationale organisée par la Société des Nations.

Mais si nous n'y réussissons pas? Même alors nous maintenons notre droit et nous en appelons de la force brutale à la force légitime. Comment le pouvons-nous? Précisément parce que nous faisons partie de la Fédération des peuples qui veulent reviser le code des relations internationales et y inscrire une prescription nouvelle. L'ancien adage disait : « Ce qui est bon à prendre est bon à garder ». L'adage de demain sera : « Ce qui a été pris par la force doit être rendu ». Et les sanctions se chargeront de le traduire en acte.

Nous devons donc, pour être conséquents avec nous-mêmes, nous soumettre à la sentence de cette cour suprême de jugement ou d'arbitrage à qui appartient le dernier mot pour terminer tous les conflits. C'est devant elle désormais que se livre la bataille. Et il nous faut d'avance accepter la souveraineté de cette juridiction : c'est tout l'objet de la révolution mondiale dont nous voulons être, avec nos Alliés des Deux-Mondes, les promoteurs résolus.

Dès lors, il est clair que nous ne pouvons ni interdire à la partie adverse d'introduire telles instances qu'elle voudra, bien ou mal fondées à notre avis, ni interdire à ce haut organe de justice internationale de recourir pour s'éclairer à telles formes d'enquête, de consultation, d'appréciation ou de consultation qu'il jugera nécessaires.

Cette soumission aux lois que nous aurons nous-mêmes contribué à édicter pour le monde nouveau est-elle vraiment une humiliation pour notre amour-propre, un abaissement de notre dignité? C'est, au contraire, la marque la plus claire du triomphe d ela cause pour laquelle nous nous battons. Une fois de plus, le monde verra que nous n'entendons pas comme les Allemands l'honneur national et la grandeur de la patrie.

Verra-t-on là un trait de naïveté, une générosité imprudente, un exemple de plus de cet excès de confiance dont nous ne savons pas nous corriger? La vérité est qu'il n'y a pas de plus grande prudence au monde. parce qu'il n'y a pas de plus grande force, que de se fier à la justice non pas entrevue dans un rêve de poète, mais incorporée en des institutions sociales contre lesquelles nul ne puisse se dresser.

En somme, l'idée dont il faut se pénétrer. c'est qu'il est de l'essence même d'une Société des Nations de rendre impossibles ou insignifiantes ces surprises, ces intrigues, ces manœuvres, ces fourberies de toute sorte qui sont actuellement la monnaie courante des opérations diplomatiques. Sous le nouveau régime, il sera au moins aussi difficile de fausser l'action des Pouvoirs publics entre nations qu'il l'est de fausser celles de la Justice, du Parlement ou de l'Administration dans les affaires intérieures d'une nation Et pourquoi? C'est que dans les deux cas il importe à tous que la machine fonctionne régulièrement, tous se sentant tenus à ce que les intérêts particuliers ne réussissent pas, par fraude, à compromettre l'intérêt général. Devant cette assemblée générale des peuples, les petites roueries d'une nation convoitant une province ne pèseraient guère plus que devant nos tribunaux les ruses du paysan pour déplacer la borne de son champ, ou du financier complotant un bon coup.

Le propre d'une société, c'est précisément de changer l'état d'esprit de ses membres. Une société de citoyens crée le sens du devoir envers la nation. Une Société des Nations créera le sens de l'équité internationale. Les nations unies pour la commune défense du droit ne peuvent plus penser comme les nations armées de pied en cap les unes contre les autres. Ce qu'elles voudront toutes, avec la France, c'est pour emprunter à un de nos collègues. aujourd'hui président du Conseil. la formule même qu'il faisait naguère applaudir au Parlement, c'est « une paix qui ne soit pas une paix de contrainte et de violence. renfermant en elle-même le germe de guerres prochaines, mais une paix juste, où aucun peuple, puissant ou faible, ne soit opprimé ; une paix où des garanties efficaces protègent la Société des Nations contre toute agression d'une d'elles ».

VI

En attendant, la Ligue des Droits de l'Homme demandera que la France presse ses alliés de commencer dès à présent entre eux (et avec les neutres qui le voudraient) l'organisation effective, quoique partielle, de la Société des Nations.

Nous croyons donc pouvoir conclure en demandant au Congrès de s'intéresser à l'organisation d'une Société des Nations, non pas comme à une thèse d'école, mais comme à l'œuvre la plus pratique et la plus urgente qui s'impose aujourd'hui à la démocratie mondiale.

Nous irons plus loin.

Si la constitution d'une Société des Nations est la seule garantie d'une paix stable, s'il importe de la réaliser dès l'heure où la paix sera possible, il ne faut pas même attendre cette heure pour préparer ce grand événement.

C'est dès à présent qu'il convient d'exercer la plus forte pression et sur l'opinion publique et sur les Parlements et sur les Gouvernements des pays alliés pour qu'ils fassent un double effort.

Que d'une part ils travaillent à familiariser les esprits avec la conception nouvelle ; qu'ils en favorisent et l'étude d'ensemble et les études de detail ; qu'ils prennent, comme le veut la logique, le contrepied de la politique des Empires centraux. Ceux-ci en effet, ne peuvent que redouter tout débat, tout exposé, toute propagande en vue d'un revirement démocratique : à tout prix ils entretiendront jusqu'au bout l'obéissance passive et l'aveugle confiance des peuples dans la toute-puissance de l'autocratie militaire. Les Alliés au contraire doivent souhaiter que leurs plans de rénovation nationale et internationale soient compris et approuvés de tous ceux qui demain devront les voter.

Il faut que la Déclaration des Droits des Peuples soit aussi populaire que la Déclaration des Droits de l'Homme.

Et il faut d'autre part que nos gouvernements commencent, entre eux d'abord, l'ébauche de cette Société. C'est la meilleure preuve qu'ils puissent se donner les uns aux autres et donner au monde de leur absolue sincérité, comme de l'efficacité pratique, du remède qu'ils proposent à cette anarchie internationale qui n'a eu jusqu'ici d'autre régulateur que la guerre. Il y a — même entre eux — des objets de litige, des rivalités d'intérêts, des débats économiques, des problèmes industriels, commerciaux, financiers, douaniers qui peuvent être gros de conflits plus ou moins prochains : il leur appartient de montrer qu'ils ont confiance dans le mode de règlement qu'ils préconisent et, pour cela, d'en faire d'ores et déjà la plus large application.

Est-ce à dire que cette Société interalliée soit déjà la Société des Nations ou puisse en tenir lieu ?

Non certes, et il importe de se prémunir ici contre un malentendu.

Il ne manque pas de gens qui, pour se dispenser de combattre la Société des Nations, insistent avec complaisance sur cette Ligue des Alliés qu'ils jugent plus facile à instituer et pour le moment plus efficace.

Ce serait aller au rebours du progrès que de voir dans cette institution partielle un moyen de remplacer l'institution universelle. Il faut qu'il soit bien entendu que c'en est l'amorce, er rien de plus.

Rêver une Ligue des Alliés tenant tête à la Ligue des Empire centraux, ce serait revenir au système du faux équilibre européen, où des groupes rivaux se font contre-poids jusqu'au jour où l'un des deux croit pouvoir, par un coup de force ou d'adresse, faire pencher la balance à son avantage.

Si nous recommandons la mise en œuvre immédiate d'un premier fragment de la Société des Nations, c'est pour créer, comme l'écrivait M. Aulard, « un centre d'attraction auquel se rallieront une à une toutes les nations parvenues à un degré sérieux de culture ». On hâterait l'exécution du plan intégral par la réalisation de la partie la plus facile. Car il va de soi que cette partie même serait ouverte à ceux des neutres qui voudraient y adhérer et qu'on y poserait tout de suite les conditions générales qui seront celles de la Société définitive.

Ajoutons, bien qu'il soit à peine besoin de le dire, que non seulement cette ébauche de société, mais la Société des Nations elle-même à ses débuts, en la supposant aussi complète qu'on le voudra, ne réalisera pas d'emblée la plénitude de son programme. Ce n'est pas un mécanisme à installer une fois pour toutes, c'est un organisme vivant qui, comme tout ce qui vit, n'atteindra son développement qu'avec le temps. Qu'il vive seulement, la nation se chargera du reste.

En ce sens et sous ces réserves, le Congrès peut charger le Comité Central d'insister en particulier auprès du gouvernement français, pour que, sans attendre la fin de la guerre, il prenne l'initiative d'un commencement d'exécution qui aiderait les nations, le jour venu, à rédiger le pacte universel de la paix par le droit.

Imp. La Productrice
51, rue St-Sauveur, Paris

Association ouvrière
Téléphone 121-78

Pour être membre de la Ligue

On devient membre de la Ligue des Droits de l'Homme en payant une cotisation de 3 francs au minimum (les femmes sont instamment priées d'adhérer).

Demander au siége de la Ligue, 1, rue Jacob, des statuts, des feuilles de propagande, des bulletins d'adhésion.

Le « Bulletin Officiel »

Le "*Bulletin Officiel*" de la Ligue des Droits de l'Homme parait tous les quinze jours sur 64 pages. Il résume l'action de la Ligue et publie, sur les questions que pose la guerre, des études étendues et nourries.

Quelques-unes de ces études, signées de noms connus : MM. F. Buisson ; V. Basch, Gabriel Séailles, professeurs à la Sorbonne ; A.-Ferdinand Herold ; Charles Gide, professeur a la Faculté de droit de l'Université de Paris ; Th. Ruyssen, professeur à la Faculté des Lettres de l'Université de Bordeaux ; le général Percin, etc., paraissent ensuite en brochures dans la collection " Bibliothèque de Guerre " (voir à la page suivante).

Prix de l'abonnement annuel au "*Bulletin Officiel*" : France, 3 francs ; étranger, 4 francs.

Documents sur l'affaire Dreyfus

Tout ligueur qui s'abonne pour trois ans au "*Bulletin Officiel*" reçoit, sur sa demande, *gracieusement* (le port seul étant à sa charge : 1 franc pour Paris ; 3 fr. 50 pour la province ; 10 francs pour l'Algérie, les colonies et l'étranger), une collection de documents officiels relatifs au procès Dreyfus, treize gros volumes du prix de 60 francs (demander le catalogue).

Brochures

Outre les brochures de sa " Bibliothèque de Guerre ", la Ligue des Droits de l'Homme a édité un certain nombre d'autres livres et brochures dont on aura la liste en demandant le catalogue.

Souscriptions

Deux souscriptions sont ouvertes au siège de la Ligue : l'une, en faveur de la *propagande*, nous permet de faire connaitre par la conférence, la brochure, la circulaire, les principes et le rôle de la Ligue ; l'autre, en faveur des *victimes de l'injustice et de l'arbitraire*, nous donne les moyens d'entreprendre les études, enquêtes et procès que réclame le redressement des plus graves iniquités. (Envoyer les fonds au siège de la Ligue ; y demander des feuilles de souscription).

BIBLIOTHÈQUE DE GUERRE

Ont paru :

Victor Basch..... *La Guerre de 1914 et le Droit.* 0 50
Gabriel Séailles... *L'Alsace-Lorraine : Histoire d'une Annexion* (Editions française, allemande, anglaise, espagnole, italienne). — Chaque édition..... 0 50
Th. Ruyssen..... *Le Problème des Nationalités* (épuisé)
Ferdinand Buisson, Paul Pain- *Miss Edith Cavell.*
  levé, Séverine, etc. *Eugène Jacquet.....* } 0 50
Gabriel Séailles. *La Pologne* 0 40
Gabriel Séailles. *Les Conditions d'une paix durable* 0 40
Maeterlinck, Vandervelde,
  Léon Bourgeois, Paul Pain- } *Les Déportations de*
  levé, Georges Lorand, *Belges et de Fran-*
  Georges Hubin, F. Buisson. *çais en Allemagne* 0 50
Ch. Gide. — *La Politique commerciale après la guerre* 0 50
A.-F. Herold. *Le Parlement et les crédits militaires.* 0 40
Congrès de 1916 de la Ligue des Droits de l'Homme : l'Alcoolisme ; les Victimes de la guerre ; les Conditions d'une paix durable..... 2 50
Charles Gide, Maxime Leroy, Mmes A.
  Noyer et A. Wormser, M. Nusbau- } *La Vie chère.* 0 50
  mer Fabien-Thibault, M.Evesque,
  Daudé-Bancel.....
X..... *Les Juifs de Roumanie* 0 50
Victor Basch, Victor Bérard,
  A. Aulard, E. Vandervelde, } *En l'honneur de la*
  Mme Séverine..... *Révolution russe.* 0 30
Henri Guernut — *La Ligue des Droits de l'Homme :* la Guerre et la Paix..... 0 20
F. Buisson. — *Les Principes de la Société des Nations* 0 30

Pour paraître :

Gabriel Séailles. *La Réforme démocratique de la Constitution* (sous presse.)
Buisson, Jean Hennessy, Maxime } *L'Organisation de*
  Leroy, V. Basch, Th. Ruyssen, *la Société des*
  d'Estournelles de Constant, *Nations.*
  Paul Otlet, Etienne Fournol. (sous presse).
Congrès de 1917 de la Ligue des Droits de l'Homme : L'organisation de la Société des Nations; la réforme démocratique de la Constitution; la liquidation des dépenses de guerre; le droit des indigènes en Algérie (en préparation).
Général Percin. *La Guerre de 1914 et la Nation armée.*

www.ingramcontent.com/pod-product-compliance
Ingram Content Group UK Ltd.
Pitfield, Milton Keynes, MK11 3LW, UK
UKHW021042120726
13693UKWH00005B/2375